So lebt Berlin

Der perfekte Reiseführer für einen unvergesslichen Aufenthalt in Berlin inkl. Insider-Tipps und Tipps zum Geldsparen

Valentin Spier

✈ INHALT

Die besten Restaurants der Stadt 30

Die besten Cafés der Stadt 36

D besten Bars der Stadt 42

Berlins Besonderheiten 69

Vorwort

Berlin. Das ist die Stadt, die niemals schläft, die Stadt mit dem elektrisierenden Nachtleben, der unvergleichbaren Clubszene, den zahllosen, Bars, Cafés und veganen Restaurants. Berlin ist die Stadt, in der man jeder und alles sein kann, unglaublich vielseitig, weltoffen und absolut hip. Berlin ist grün, so viel grüner, als die meisten Millionenstädte es jemals sein werden. Berlin ist kreativ, es ist die Stadt der Künstler, Musiker, DJs und Freigeister. Berlin ist sozial, schnelllebig, nachhaltig und ständig im

Wandel. Berlin schließt jeden ins Herz, der ins Herz der Hauptstadt geschlossen werden will.

Berlin kann aber auch anders. Zwischen den lärmend vollen Straßen und dem beneidenswert guten Netz der öffentlichen Verkehrsmittel prägen endlos viele Baustellen das Stadtbild. Viele davon scheinen für immer dort zu sein. Der Straßenverkehr ist der reinste Wahnsinn, der Hass zwischen Radfahrern und Autofahrern reicht tief.

Trotzdem will jeder nach Berlin und die Stadt platzt aus allen Nähten. Der Wohnungskampf ist real. Jeder meckert über die viel zu hohen Mieten, obwohl diese im Vergleich zu Hamburg oder München lächerlich niedrig sind. Doch Berlin ist eben arm, aber sexy. Mit Geld kann hier irgendwie niemand umgehen. Außerdem verlässt der Berliner seinen Kiez eben nicht gern. ‚Einmal Osten, immer Osten' gilt genauso für Nord, Süd und West – wer einmal sein Plätzchen in Berlin gefunden hat, verlässt dieses nur ungern.

"Die Berliner sind unfreundlich und rücksichtslos, ruppig und rechthaberisch, Berlin ist abstoßend, laut, dreckig und grau, Baustellen und verstopfte Straßen, wo man geht und steht – aber mir tun alle Menschen leid, die nicht hier leben können." Mit diesen Worten hat Anneliese Bödecker ein wahrlich wahres Wort gesprochen. Warum Berlin trotz aller Vorurteile (die zum Teil zutreffender sind, als manch Berliner zugeben mag) absolut liebenswert und lebenswert ist, verrät dieser Ratgeber in elf Kapiteln.

Darüber hinaus soll er Hintergrundwissen über die überaus geschichtsträchtige Metropole vermitteln und Tipps für einen richtig guten Aufenthalt in der Hauptstadt geben. Berlin hat so viel mehr als nur den Fernsehturm und den Alexanderplatz zu bieten. Wo bekommt man die beste Currywurst? In welcher Bar werden die besten Drinks gerührt? Welchen Club muss man besucht haben, bevor man die Stadt wieder verlässt? Wo nächtigt man am besten? Wie kommt man überhaupt nach Berlin und wie bleibt man vor Ort mobil?

Diese und weitere Fragen werden auf den kommenden Seiten beantwortet und lassen am

Ende hoffentlich nur noch die Frage offen: Wann geht es denn endlich los?

Die Geschichte der Stadt

ls sich im 13. Jahrhundert die Handelsorte Cölln und Berlin zu einer Städteunion ver-einten, hätte wohl keiner gedacht, dass sich die spätere Doppelstadt einmal zu dem kulturellen Zentrum Europas entwickeln würde. Das Jahr 1237 gilt als Gründungsjahr der heutigen deutschen Hauptstadt, auch wenn es seit einiger Zeit Hinweise darauf gibt, dass die Anfänge der Stadt noch weiter zurückliegen. Die darauffolgenden Jahrhunderte wurden vor allem durch die Hohenzollern-Dynastie stark geprägt; mit ihr kam es schließlich 1432 auch zur Vereinigung der beiden Städte Cölln und Berlin. Im Jahr 1500 zählt Berlin bereits 12.000 Einwohner. Die Wirtschaft der Stadt floriert: Sie besitzt drei Rathäuser, drei Krankenhäuser, beherbergt Kirchen und Klöster. Die Bevölkerung hingegen leidet unter den Spannungen zwischen lutherischer und calvinistischer Konfession.

Mit dem Dreißigjährigen Krieg endet der Wirtschaftsaufschwung. Die zahlreichen Kriegshandlungen sowie der Ausbruch und die Verbreitung von Epidemien haben zur Folge, dass die Stadt am Ende des 16. Jahrhunderts nur noch die Hälfte ihrer Einwohner zählt.

Schließlich gelang es Friedrich Wilhelm durch zahlreiche bauliche Maßnahmen, wie der Errichtung einer Stadtmauer, eines Lustgartens und einer zentralen Allee, der Stadt zu neuem Glanz zu verhelfen. Unter Friedrich Wilhelm I. folgte eine zusätzliche Vergrößerung des Stadtgebietes. Lediglich die zweijährige Besetzung von 1806 bis 1808 durch den französischen Kaiser Napoleon unterbrach den Aufschwung der Stadt. Anfang des 19. Jahrhunderts war Berlin zu einem wichtigen Verkehrsknotenpunkt, einem entscheidenden industriellem Zentrum und einer der bevölkerungsreichsten Städte Europas geworden. Die Industrialisierung hatte begonnen.

Bis zum Jahr 1844 prägten fortschreitende Industrialisierungsprozesse die Stadt und sorgten für eine enorme Zuwanderung. Doch mit der europaweiten Rezession sowie der folgenden Märzrevolution breitete sich wenige Jahre später ein Schreckensbild über der Stadt aus. Armut, Aufstände und Hungersnöte waren Folgen der Unruhen. Aus der Revolution ging aber auch die Presse- und Versammlungsfreiheit hervor – ein entscheidender Sieg, bis heute.

Ende des 19. Jahrhunderts begann schließlich eine neue Ära: 1871 gelang Otto von Bismarck die Reichsgründung, die Berlin zur deutschen Hauptstadt machte. Unter dem neuen deutschen Kaiser erlebte die Stadt einen deutlichen industriellen Aufschwung: Es kam zum Ausbau der Infrastruktur, der Errichtung einer Kanalisation, dem Bau zahlreicher Parks und Grünanlagen, Volksbädern, Krankenhäusern und Heilstätten. Es entwickelte sich eine Arbeiterbewegung, die Parteien, Gewerkschaften, Streiks, Demonstrationen und einige Unruhen hervorbrachte. Die Stadt entwickelte sich nach und nach zu einem attraktiven

Kulturzentrum und zählte Anfang des 20. Jahrhunderts bereits rund zwei Millionen Einwohner.

Als der Erste Weltkrieg zu Ende ging, riefen Philipp Scheidemann und Karl Liebknecht die freie deutsche Republik in Berlin aus. Der Sozialismus fand Einzug in die Hauptstadt. Die Weimarer Republik begann und würde die kommenden 14 Jahre die Stadt politisch wie gesellschaftlich stark prägen.

1920 vergrößerte Berlin sich abermals durch zahlreiche Eingemeindungen und wurde so zur fünftgrößten Stadt der Welt.

Doch der Erste Weltkrieg hinterließ nicht nur gesellschaftlich, sondern auch wirtschaftlich seine Spuren. Die hohen Reparationszahlungen an die Siegermächte stürzten das Land in beträchtliche Schulden und außerdem verlor die Mark immer mehr an Wert. Nachdem die wachsende Inflation jedoch gestoppt und die schlechte finanzielle Lage der Stadt Anfang der Zwanzigerjahre durch eine Vereinbarung mit den Alliierten beendet werden konnte, verbesserte sich die Situation der Berliner deutlich und die berühmten „Goldenen Zwanziger" begannen.

Dieser Aufschwung sollte jedoch nicht von Dauer sein, denn schon 1929 kam es zur Depression, die viele

Berliner den Arbeitsplatz kostete und schließlich Adolf Hitler die Gelegenheit zum Aufstieg und zur Ernennung zum Reichskanzler bot. Die folgenden Jahre gehen als dunkle Jahre in die deutsche Geschichte der Stadt und des gesamten Landes ein. Spätestens mit der Reichspogromnacht 1938 begann die jahrelange Verfolgung der jüdischen Bevölkerung. In den Jahren des Zweiten Weltkrieges von 1939 bis 1945 litt bald die gesamte Bevölkerung unter dem Nationalsozialismus.

Und als der Krieg zu Ende ging und die Hauptstadt in Schutt und Asche lag, war noch lange kein Frieden für Berlin, Deutschland und Europa in Sicht. Nach dem Beschluss der Alliierten, Deutschland in vier Besatzungszonen und die Stadt Berlin in vier Sektoren zu teilen, begann bald der Kalte Krieg zwischen dem kommunistischen Osten und dem kapitalistischen Westen, der die Stadt für weitere 40 Jahre prägen sollte. 1949 kam es offiziell zur deutschen Teilung, die die drei westlichen Besatzungszonen zur Bundesrepublik Deutschland und die östliche zur Deutschen Demokratischen Republik machte.

1961 folgte der Bau der Berliner Mauer, der die Stadt schließlich auch baulich teilte. Die geheim geplante Maßnahme hatte das Ziel, die Abwanderung aus der DDR zu stoppen. Während die West-Berliner, wie auf einer Insel, von der DDR umschlossen lebten, diese jedoch bereisen und passieren durften, blieb es den Ost-Berlinern verwehrt, die kapitalistischen Besatzungszonen zu betreten und „den Osten" zu verlassen.

Nach 40 Jahren deutscher Teilung kam es 1989 schließlich zur Wende und die Berliner Mauer fiel. Die Grenzübergänge wurden geöffnet und die Reisefreiheit war wieder uneingeschränkt. Ein Jahr später kam es zur Wiedervereinigung der Stadt, Berlin wurde wieder Hauptstadt von Deutschland und die Kontrolle darüber lag nicht länger bei den Alliierten. Schließlich begann die wirtschaftliche und gesellschaftliche Zusammenführung der beiden ehemaligen Stadtteile zu einer vereinten Stadt.

Heute leben in Berlin rund 3,6 Mio. Einwohner auf einer Fläche von ca. 891 km². Sie ist damit die größte Gemeinde Deutschlands – bevölkerungs- und flächenmäßig. Sie wird in zwölf Bezirke mit insgesamt 96 Ortsteilen, welche wiederum in zahlreiche Kieze unterteilt sind, gegliedert.

Sehenswürdig-keiten – Klassiker

W er an Berlin denkt, denkt wahrscheinlich zunächst an den Fernsehturm oder das Brandenburger Tor. Dabei hat Berlin so viel mehr zu bieten! So viel, dass selbst Urberliner noch nicht alles gesehen und erlebt haben. Sollte man sich jedoch einmal dazu entschließen, der Hauptstadt einen Besuch abzustatten, so sollten einige Highlights auf keinen Fall fehlen. Dies sind die Klassiker unter den Sehenswürdigkeiten Berlins:

DER FERNSEHTURM

Der 1969 eröffnete Fernsehturm ist mit seinen 368 Metern das höchste Bauwerk Deutschlands. Er ist Standort mehrerer Fernseh- und Rundfunksender und darüber hinaus ein beliebter Aussichtsturm mit einem Restaurant im Inneren der Kugel. Seit 1979 unterliegt das im Bezirk Berlin-Mitte befindliche Bauwerk dem Denkmalschutz.

Adresse: Panoramastraße 1A, 10178 Berlin
Anfahrt:
Bus: TXL, 100, 200, 248, M48, N5, N8
S-Bahn: S3, S5, S7, S9
U-Bahn: U2, U5, U8
Tram: M2, M4, M5, M6

DAS BRANDENBURGER TOR

Dass vor weniger als 40 Jahren noch eine Mauer direkt entlang der Westseite des wohl bekanntesten Stadttores Berlins verlief, ist heute unvorstellbar. Als schließlich 1989 die Berliner Mauer fiel, war das Brandenburger Tor Schauplatz dieses historischen Ereignisses. Zwischen dem Abschluss der Prachtstraße Unter den

Linden und der Straße des 17. Juni direkt am Pariser Platz thront das frühklassizistische Triumphtor mit der Quadriga im zentralen Bezirk Berlin-Mitte.

Während des 19. und 20. Jahrhunderts wurde das Bauwerk immer wieder Schauplatz entscheidender historischer Geschehnisse und so zu dem wohl wichtigsten Wahrzeichen der Stadt. Darüber hinaus ist es das letzte der ehemals 18 Stadttore der Stadt Berlin. Noch heute ist es ständiger Spiel- und Veranstaltungsort bedeutender Events.

Adresse: Pariser Platz, 10117 Berlin

Anfahrt:

Bus: 100, 245

S-Bahn: S1, S2, S25, S26

U-Bahn: U55

DIE SIEGESSÄULE

Folgt man vom Brandenburger Tor auf der Straße des 17. Juni, so erwartet einen im Zentrum des Kreisverkehrs Großer Stern die nächste Sehenswürdigkeit der Stadt. Anlässlich der Siege Preußens über den Deutsch-Dänischen Krieg 1864, den Krieg gegen Österreich und den Deutsch-Französischen Krieg 1870/1871 wurde die

Siegessäule mit ihren drei Säulensegmenten errichtet. Damals war jedoch ein ganz anderer Platz für sie vorgesehen, nämlich der Platz der Republik vor dem Reichstag (ehemals Königsplatz). Zur Zeit des Nationalsozialismus wurde die Statue jedoch versetzt und darüber hinaus in ihrer Höhe erweitert. So erreicht sie heute eine Gesamthöhe von 67 Metern. Von den Berlinerinnen und Berlinern wird der goldene Engel liebevoll „Goldelse" genannt.

Adresse: Großer Stern, 10557 Berlin

Anfahrt:

Bus: 100, 106, 187, N26

DER GROßE TIERGARTEN

Auf dem Weg vom Brandenburger Tor zur Siegessäule befindet sich zur Linken das Berliner Pendant zum New Yorker Central Park: der Große Tiergarten. Die von Kurfürst Friedrich III. ins Leben gerufene Grünanlage war im 16. Jahrhundert zunächst ein Jagdrevier des Hofstaates und wurde schließlich im 17. Jahrhundert zum „Lustgarten der Bevölkerung". 210 Hektar umfasst der Park und unterliegt einer ständigen Umgestaltung. Besonders der Einfluss von Peter Joseph

Lenné zwischen 1833 und 1838 hat die Optik des Parks stark geprägt und ihm die Anmutung eines englischen Volksparks verliehen.

Es gibt übrigens auch einen Kleinen Tiergarten; dieser befindet sich im zum Bezirk Mitte gehörenden Ortsteil Moabit.

Adresse: Straße des 17. Juni, 10557 Berlin

Anfahrt:

Bus: N9

S-Bahn: S3, S5, S7, S9

DAS REGIERUNGSVIERTEL

Ganz in der Nähe des Großen Tiergartens, in den Bezirken Tiergarten und Mitte, befinden sich die wichtigsten Orte der Exekutive und Legislative. Bundeskanzleramt, Reichstag und die Bundestagsgebäude bilden gemeinsam den Kern des Regierungsviertels der Hauptstadt. Dort tagen die deutschen Bundesministerien sowie der Bundesrat und Bundestag. Besonders sehenswert ist wohl das historische Reichstagsgebäude mit seiner imposanten Glaskuppel. In demselben Gebiet befinden sich zudem zahlreiche Abgeordnetenbüros, Botschaften, Studios von Rundfunkanstalten und zahlreiche Verbände.

Anfahrt: z. B. bis Brandenburger Tor und dann weiter zu Fuß

DIE MUSEUMSINSEL

Im Herzen Berlins, angesiedelt um den historischen Dom und entlang der Spree befinden sich fünf Museen, die die sogenannte Museumsinsel bilden. Gemeinsam mit der James-Simon-Galerie, dem Archäologischen Zentrum und den Museumshöfen erzeugen das Alte Museum, das Neue Museum, die Alte Nationalgalerie, das Bode-Museum sowie das Pergamonmuseum einen Komplex nach aufklärerischem Vorbild. Das Konzept dahinter sieht vor, dass sich jedes einzelne Gebäude optisch (wie inhaltlich) von seinem Nachbarn abhebt und doch mit ihm harmoniert. Auf jeden Fall sehenswert – von innen und außen.

Adresse: Bodestraße 1–3, 10178 Berlin

Anfahrt:

Bus: 100, 147, 245, 300, N2, N40, N42, N65, N66

S-Bahn: S3, S5, S7, S9

Tram: M4, M5, M6

DAS ROTE RATHAUS

Ein weiteres wichtiges Regierungsgebäude und Wahrzeichen der Stadt ist das Rote Rathaus in der Nähe des Alexanderplatzes in Mitte. Errichtet wurde das Bauwerk zwischen 1861 und 1869 und diente damals den Magisterratssitzungen. Heute bildet es den Sitz des Senats und des regierenden Bürgermeisters von Berlin. Seinen Namen verdankt das Rathaus den auffällig roten Ziegeln der Fassade.

Adresse: Rathausstraße 15, 10178 Berlin

Anfahrt:

Bus: 147, 200, 248, 300, N2, N8, N40, N42, N65, N66

S-Bahn: S3, S5, S7, S9

U-Bahn: U2, U5, U8

Tram: M2, M4, M5, M6

DIE WELTZEITUHR

Unweit des Roten Rathauses befindet sich ein weltweit einzigartiges Bauwerk: die Weltzeituhr. Das Konstrukt, dessen vollständiger Name „Urania-Weltzeituhr" lautet, ist eine komplexe Uhranlage, die neben den Uhrzeiten in den verschiedenen Zeitzonen außerdem eine Weltkarte, eine Windrose und ein schemenhaftes Sonnensystem zeigt. Der Name ergab sich aus der Tatsache, dass während Bauarbeiten am heutigen Standort eine alte Uraniasäule, also eine Wettersäule, entdeckt wurde, die schließlich zur finalen Idee der Uhr führte. Die Weltzeituhr entstand 1969 anlässlich des 20. Jahrestages der DDR und ist bis heute voll funktionstüchtig.

Adresse: Alexanderplatz 1, 10178 Berlin

Anfahrt:

Bus: 100, 200, 248, 300, N2, N5, N40, N42, N65, N66

S-Bahn: S3, S5, S7, S9

Tram: M2, M4, M5, M6

U-Bahn: U2, U5, U8

DAS NIKOLAIVIERTEL

Blickt man weiter zurück in die Geschichte, viel weiter, so führt einen der Weg ins Nikolaiviertel – das älteste Viertel der Stadt. Hier wurde 1237 der Grundstein der Stadt gelegt. Das älteste Gebäude bildet die Nikolaikirche, der Bereich rings um den historischen Kern der Hauptstadt. Im Zuge des Zweiten Weltkrieges wurde das Viertel beinahe vollständig zerstört, konnte dank großzügiger Rekonstruktionsarbeiten jedoch nahezu komplett wiederhergestellt werden. Neben der Pfarrkirche bilden das Ephraim-Palais, der Gasthof zum Nussbaum, das Wohnhaus von Gotthold Ephraim Lessing sowie das Knoblauchhaus interessante Sehenswürdigkeiten des ältesten Wohngebietes der Stadt. Zahlreiche kleine Cafés und Restaurants beleben das Viertel und verleihen ihm eine moderne und doch nostalgische Note.

Adresse: Am Nussbaum 3, 10178 Berlin

Anfahrt:

Bus: 100, 147, 200, 248, 300, N2, N5, N40, N42, N65, N66

Tram: M4, M5, M6

U-Bahn: U2

EAST SIDE GALLERY

Wenn aus einer grauen Trennwand ein farbenfrohes Mahnmal wird, dann ist von der East Side Gallery die Rede. An diversen Stellen der ehemaligen Grenze zwischen Ost- und Westberlin befinden sich noch heute Überreste der Berliner Mauer. Die East Side Gallery nahe der Oberbaumbrücke ist mit ihren 1300 Metern Länge jedoch die wohl berühmteste Anlaufstelle und ganz nebenbei auch noch die längste Open-Air-Gallery der Welt. Nach dem Mauerfall wurde sie von zahlreichen Künstlern mit verschiedenen Kunstwerken verziert und so in einen der bekanntesten und sehenswertesten Orte der Stadt verwandelt. Bemalt wurde die Mauer übrigens schon bevor diese gefallen ist, jedoch ausschließlich auf der West-Seite.

Adresse: Mühlenstraße 4, 10243 Berlin

Anfahrt:

Bus: 165, 265, 300, U1, N1, N65, N66

U-Bahn: U2, U5, U8

DAS SCHLOSS CHARLOTTENBURG

Als ein Geschenk ihres Gatten Kurfürst Friedrichs III. erhielt Sophie Charlotte Ende des 17. Jahrhunderts ein riesiges Anwesen geschenkt, welches sich zum damaligen Zeitpunkt noch außerhalb der Stadtgrenze befand. Sie ließ ein Sommerschloss darauf errichten. Einige Jahre später wurde aus dem „Garten- und Lustschlösschen" ein Sitz nach Versailler Vorbild. Das Schloss und das Gebiet, in dem es liegt, erhielten erst nach Charlottes Tod ihren heutigen Namen zu ihrem

Gedenken – Charlottenburg. Ab Ende des 19. Jahrhunderts diente das Schloss viel mehr dem Tourismus statt der königlichen Residenz. Im Zweiten Weltkrieg wurde es, wie so viele historische Bauwerke, weitgehend zerstört. Heute ist das aufwendig restaurierte Gebäude als Museum der Öffentlichkeit wieder zugänglich.

Adresse: Spandauer Damm 10, 10585 Berlin

Anfahrt:

Bus: 109, 309, M45

Insidertipps

D och nun zu den wirklich spannenden Orten, den Plätzen, zu denen es die Berliner selbst zieht, wo sich das Leben abseits des Tourismus abspielt, denn das, was die meisten Touris bei ihren kurzen Städtetrips in der deutschen Hauptstadt für das wahre Berlin halten, sind in Wahrheit die Orte, die die Berliner tunlichst meiden. Und wer kann es ihnen verübeln? Am wohlsten fühlt man sich eben zwischen Gleichgesinnten, im Kiez und fernab der Selfiestickschwenkenden Massen. Für schöne Stunden mit Freunden oder der oder dem Liebsten ziehen sich die Berlinerinnen und Berliner an die weniger berühmten, dafür aber mindestens genauso schönen Orte zurück. Hier geht das Großstadtleben erst richtig los ...

DIE OBERBAUMBRÜCKE

1896 sollte sie lediglich Straßen- und Bahnverkehr über die Spree bringen, heute verbindet das 150 Meter lange Berliner Wahrzeichen die beiden Teile des heute vereinten Bezirks Friedrichshain-Kreuzberg. Von dem mittelalterlich anmutenden Bauwerk aus kann man zudem die Aussicht auf die Innenstadt und den Fernsehturm in die eine Richtung und auf die berühmte Skulptur Molecule Man in die andere Richtung genießen. Die Skulptur stellt dabei eigentlich sogar noch ein ganz eigenes Highlight dar: Das 1999 vom amerikanischen Bildhauer Jonathan Borofsky gefertigte Kunstwerk befindet sich genau an der Stelle, wo die damals noch eigenständigen Bezirke Friedrichshain, Kreuzberg und Treptow aufeinandertreffen. Damit ist es zudem eine Schnittstelle des einst geteilten Berlins.

Adresse: Warschauer Straße 43, 10243 Berlin

Anfahrt:

Bus: U1, 300, 347, N1

S-Bahn: S5, S7, S75

Tram: M10, M13
U-Bahn: U1, U3

DER TEUFELSBERG

Von einer Abhörstation zum Ausflugsort: Der Müll-
berg Teufelsberg ist nach Arkenberge die zweithöchste
Erhebung Berlins und eignete sich deshalb im Kalten
Krieg hervorragend zur Überwachung des Luftraums.
So nutzte erst die US-Armee und später die NSA den
künstlichen Berg zu Überwachungs- und Spionage-
zwecken. In den 1970er- und 1980er-Jahren bekam der
Berg schließlich eine völlig andere Bedeutung; der
Weinanbau fand Einzug in das Gebiet. Heute ist die Erhebung mit der alten Abhöranlage ein beliebter Aus-
flugs- und Aussichtsort. Führungen und Wanderungen
bieten historische Einblicke und eindrucksvolle Aus-
blicke über Berlin an.
Adresse: Teufelsseechaussee 10, 14193 Berlin
Anfahrt: am besten mit dem Auto

DAS TEMPELHOFER FELD

Das Gelände des ehemaligen Flughafens Tempelhof,

welchem von 1923 bis 2008 ein beachtlicher Teil des Flugverkehrs in Berlin und Brandenburg zugeschrieben werden konnte, ist heute ein vielseitig genutzter Park. Lange Zeit wurde darüber diskutiert, ob die Fläche (oder zumindest ein Teil davon) bebaut werden solle. Mittels Volksentscheid konnte jedoch der Erhalt des Feldes als solches sichergestellt werden. Heute bieten über 300 Hektar Freifläche Platz zum Spazieren, Joggen, Radfahren, Skaten, Drachensteigen, Picknicken, Gärtnern und Verweilen. Zahlreiche Projekte zur kollektiven, kreativen und sozialen Nutzung der Grünflächen verleihen dem Park zudem einen ganz besonderen Mehrwert. Und die besten Sonnenuntergänge, heißt es, kann man von hier aus auch genießen.

Adresse: Columbiadamm 10, 12101 Berlin

Anfahrt:

Bus: 104, 248, N6, N42

U-Bahn: U6

FLAKTURM UND VOLKSPARK HUMBOLDTHAIN

Wer von der schönen Aussicht auf die Hauptstadt nicht genug bekommen kann, tut gut daran, einen

Ausflug zu den Flaktürmen Humboldthain zu machen.

Der ehemalige Hochbunker hat mit seiner jahrzehntealten Geschichte dazu noch einen beeindruckenden Historienwert: als einer von drei Flakturm-Paaren in Berlin sollte das Bauwerk als Verteidigungsanlage gegen Luftangriffe der Alliierten im Zweiten Weltkrieg fungieren.

Heute bietet das Konstrukt mit seiner zentralen Lage eine beeindruckende Aussicht über die Stadt und dem ihm zu Füßen liegenden Park Humboldthain. Der Park selbst überrascht mit einer erstaunlichen Blütenvielfalt: Im Gegensatz zu den meisten anderen Berliner Volksparks bietet die Anlage nämlich nicht nur Grünflächen mit Liegewiesen, in ihm wurde darüber hinaus ein aufwendig gestalteter Rosengarten angelegt. Tausende Rosen und einige Zierkirschen sowie Kübelpflanzen erzeugen einen wunderschönen Farbtupfer neben dem sonst so grauen Turm-Paar. Sitzgelegenheiten laden zum Verweilen und Bestaunen ein.

Adresse: Brunnenstraße 100, 12257 Berlin

Anfahrt:

Bus: 247, N8

S-Bahn: S1, S2, S25, S41, S42, S46

U-Bahn: U8

MAUERPARK

Wenn von Parks in Berlin die Rede ist, dann darf der Mauerpark nicht fehlen. Dort, wo früher die Berliner Mauer die Bezirke Prenzlauer Berg und Wedding voneinander trennte, ist heute ein „Ort der Begegnung". Die weitläufige Parkanlage, deren Ausbau erst dieses Jahr fertiggestellt wurde, ist Schauplatz von Straßenkünstlern und Open-Air-Artists, Treffpunkt von Freunden und Familien sowie Anlaufstelle für Trödler auf Berlins größtem Flohmarkt. Ob der Mauerpark allerdings noch als Insidertipp gilt, sei mal dahingestellt. Ein Highlight ist er jedoch jedes Mal aufs Neue.

Adresse: Eberswalder Straße 1, 10437

Anfahrt:

Bus: 247, N2

Tram: 12, M1, M10

U-Bahn: U2

FLOHMARKT NEUKÖLLN

Ein wahrer Insidertipp für Secondhand- und Vintage-Liebhaber ist hingegen der Nowkoelln Flowmarkt. Entlang des Maybachufers am Landwehrkanal findet alle zwei Wochen ein riesiger Flohmarkt statt, der diverse Güter aus privater Hand sowie Kunstobjekte anbietet. Stundenlang kann man hier schlendern, stöbern und handeln. Von ausgefallenen Kleidungsstücken über klassische und moderne Bücher bis hin zu Vinyl, Plattenspielern oder sperrigen Möbelstücken wird hier alles geboten. Und wenn der Hunger zuschlägt, bieten zahlreiche Streetfood-Stände unterschiedliche Kulinarik zu erschwinglichen Preisen. Unbedingt mal vorbeischauen.

Adresse: Maybachufer 31, 12047 Berlin
Anfahrt:
Bus: 140, M29, M41
U-Bahn: U1, U3, U8

SPREEPARK IM PLÄNTERWALD

Das alte Riesenrad und die Überreste der einst aufwendig gestalteten Achterbahn sind schon fast legendär: Der im Südosten der Stadt an den Treptower Park grenzende Spreepark im Plänterwald ist seit 18 Jahren außer Betrieb. Immer wieder zog es trotzdem, oder gerade deswegen, neugierige Besucher in das rund 23 Hektar große, abgesperrte Gebiet, das so mystisch-still in dem grünen Winkel von Treptow-Köpenick liegt.

Um den illegalen Nachtwanderungen entgegenzuwirken, werden seit einiger Zeit offizielle Führungen durch das historische Gelände angeboten, die die Geschichte des ehemaligen Kulturparks näherbringen sollen und zudem über die aktuelle Situation des Parks informieren, denn vor wenigen Wochen starteten die Umbauarbeiten, die die Anlage bis 2026 wieder zu einem lebendigen Freizeitpark für Einheimische sowie Touristen machen sollen. Wer ein Ticket ergattern will, muss jedoch schnell sein; da die Führungen äußerst beliebt sind, sind die Karten oft schon weit im Voraus ausverkauft. Im Internet oder an allen bekannten Vorverkaufsstellen kann man sein Glück versuchen.

Adresse: Kiehnwerder Allee 1–3, 12437 Berlin

Anfahrt:

Bus: 265

S-Bahn: S8, S9, S85

Die besten Restaurants der Stadt

CURRY 36

Der erste Restaurant-Tipp ist eigentlich kein Restaurant-Tipp. Curry 36 ist wohl DER Imbiss der Stadt. Und deshalb hier an erster Stelle, denn Fakt ist, wer einmal in Berlin ist, kommt nicht ums Currywurst-Essen herum. Im Herzen des Trendbezirks Kreuzberg, direkt gegenüber vom U-Bahnhof Mehringdamm zieht das unscheinbare Lokal Tag und Nacht Menschen aus aller Welt an. Definitiv ein Pflichtbesuch beim Städtetrip.

Adresse: Mehringdamm 36, 10961 Berlin

Anfahrt:

Bus: M19, N42

U-Bahn: U6, U7

AN EINEM SONNTAG IM AUGUST

Wenn es ein bisschen gemütlicher sein darf, empfängt einen das ‚An einem Sonntag im August' mit seiner warmen Atmosphäre nur einige Fahrminuten entfernt am U-Bahnhof Eberswalder Straße in Prenzlauer Berg. Von Brunch über Lunch bis hin zu Dinner und Cocktailbar bietet diese Lokalität alles, was das Berliner Herz begehrt. Und hier gilt, schnell sein lohnt sich: Das Restaurant ist fast immer brechend voll.

Adresse: Kastanienallee 103, 10435 Berlin

Anfahrt:

Tram: 12, M1, M10

U-Bahn: U2

OSMANS TÖCHTER

Geht man einmal um die Ecke, so befindet man sich geografisch gesehen noch immer in Prenzlauer Berg, kulinarisch macht man jedoch einen flinken Sprung in den Nahen Osten. Bei ‚Osmans Töchter' gibt es die besten türkischen Spezialitäten mitten in Berlin. Für einen Besuch dort muss man jedoch etwas tiefer in die Tasche greifen, denn die diversen Köstlichkeiten nach orientalischem Vorbild verleiten zum stetigen Nachbestellen. Außerdem sollte vorab ein Tisch reserviert werden – die Berliner wissen eben, wo es schmeckt.

Adresse: Pappelallee 15, 10437 Berlin

Anfahrt:

Tram: 12, M1

BEUSTER

Wenn es etwas schicker sein darf, ist das Beuster ein wahrer Trüffel. Im Herzen Neuköllns in der Weserstraße nahe der allzu bekannten Sonnenallee befindet sich ein wahrlich exquisites Lokal. Neben feinsten Spezialitäten der deutschen Küche bietet die Beuster BAR darüber hinaus köstliche Drinks. Auch hier gilt es jedoch, besser einen gut gefüllten Geldbeutel mitzubringen.

Adresse: Weserstraße 32, 12045 Berlin

Anfahrt:

Bus: 171, 194

VÖNER

Wer eher weniger auf fleischhaltige Kost steht oder einfach mal was anderes ausprobieren will, ist bei Vöner genau richtig. Man könnte sagen, dass der Imbiss der Inbegriff eines Berliner Lokals ist: überschaubar in der Größe, die Wände voller Sticker und ein Umgangston nach freundlicher Berliner Schnauze. Sitzgelegenheiten sind nur begrenzt verfügbar und ganz im Späti-Style bestehend aus Bierzeltgarnitur. Aber das Essen ist grandios. Es ist sicher eine gewagte, aber durchaus berechtigte These zu behaupten, dass es hier den besten Burger der Stadt gibt – und das, obwohl (oder gerade weil?) es hier ausschließlich vegane Speisen gibt. Neben Kichererbsen- und Grünkernburgern gibt es hier auch vegane Currywurst und veganen Döner sowie absolut unverzichtbar leckere Pommes. Und das alles für einen schmalen Taler. Auf jeden Fall einen Besuch wert.

Adresse: Boxhagener Straße 56, 10245 Berlin

Anfahrt:

Bus: 194, 347, N94

S-Bahn: S3, S5, S7, S75, S41, S42, S8, S85

UMAMI

Döner ist toll, aber asiatisch ist King? Finden die Berliner auch. Deshalb gibt es in Berlin asiatische Restaurants an nahezu jeder Ecke. Eines der besten unter ihnen ist definitiv das Umami. Drei Geschäftsstellen hat das indochinesische Restaurant in der Hauptstadt; in Prenzlauer Berg, Kreuzberg und Friedrichshain. Die Philosophie hinter der Restaurantkette: „Liebe ist die Zeit des gemeinsamen Essens in einer Umgebung, die so einzigartig ist, wie das Gericht selbst". Und das spürt man auch, wenn man dort ist. Die liebevolle Einrichtung und die einzigartigen Sitzgelegenheiten nach traditionellem Vorbild laden nicht nur zum Essen, sondern auch einfach zum Verweilen und Genießen ein.

Adresse: Knaackstraße 16–18, 10405 Berlin

Anfahrt:

Tram: M2, M4

CAFÉ WETTERSTEIN

Wenn die Berliner eins ganz besonders gern tun, dann

ist es brunchen. Am liebsten sonntags, am liebsten draußen und am liebsten ganz, ganz lange. Richtig gute Angebote gibt es im Café Wetterstein im nicht ganz so zentralen Tegel. Vom klassisch-berlinerischen Wurst- und-Käse-Frühstück bis zur vitalen Joghurt-mit-Müsli- Alternative ist hier für nahezu jedermann was dabei. Die Fußgängerzone der Altstadt lädt im Anschluss zum entspannten Verdauungsspaziergang in Richtung Tegeler See ein. Und wenn das Wetter mitspielt, kann man von dort aus sogar auf einer spontanen Bootsfahrt die Stadt vom Wasser aus genießen oder beim Tret- bootfahren selbst aktiv werden.

Adresse: Alt-Tegel 18, 13507 Berlin

Anfahrt:

Bus: 124, 125, 133, 222

S-Bahn: S25

U-Bahn: U6

Die besten Cafés der Stadt

HOUSE OF SMALL WONDER

Schon lange kein Geheimtipp mehr, aber immer noch ein guter: Das House of Small Wonder in Mitte ist zu einem der Trendcafés der Stadt geworden – und das zu Recht. Die über und über grüne Einrichtung mit asiatischem Flair erzeugt einfach sofort eine Wohlfühlatmosphäre. Und stellt dazu noch eine begehrte Fotolocation dar. Die Preise sind ganz „Mitte-typisch", aber immer noch im Rahmen. Und die Soja-Matcha-Latte ist den Euro mehr auf jeden Fall wert.

Adresse: Johannisstraße 20, 10117 Berlin

Anfahrt:

Bus: 142, N42

S-Bahn: S3, S5, S7, S9

Tram: M1, M4, M5, M6

U-Bahn: U6

NO FIRE NO GLORY

Richtig gute Croissants gibt es nur in Frankreich? Falsch! Das ‚No Fire No Glory' kommt zumindest verdammt nah an das französische Original heran. Gute Englischkenntnisse sind hier allerdings Pflicht, denn im Gegensatz zu dem mitteleuropäischen Herkunftsland der köstlichen Backwaren wird in diesem Café ausschließlich Englisch gesprochen. Ein Besuch lohnt sich trotzdem, denn wenn nicht schon die fettigen Köstlichkeiten überzeugen konnten, dann wird es auf jeden Fall die gemütliche Atmosphäre im typisch Berliner Kiezflair tun.

Adresse: Rykestraße 45, 10405 Berlin

Anfahrt:

Tram: M2, M4

KAFFEEHAUS ZELTINGER

Am Rande des Randbezirks Reinickendorf, fast schon in Brandenburg, und wenig idyllisch direkt am S-Bahnhof würde man wohl kaum eines der schönsten Cafés der Stadt erwarten. Aber der Schein trügt. Das Zeltinger darf definitiv zu den besten Lokalitäten, wenn es um richtig guten Kaffee und Kuchen geht, gezählt werden. Bei der Einrichtung wird hier genauso wenig wie beim Geschmack gespart und so laden die ebenso schicken wie gemütlichen Sitzgelegenheiten in den Innen- und Außenbereichen zum stundenlangen Verweilen ein.

Die Preise sind human, obwohl der Ortsteil eher zu den etwas höherpreisigen zählt. Neben dem köstlichen, stetig wechselndem Torten- und Kuchenangebot ist auch das Frühstücks- und Brunchmenü sehr zu empfehlen. Also, Zeit mitbringen – hier bleibt man gern länger.

Adresse: Zeltinger Platz 1A, 13465 Berlin

Anfahrt:

Bus: 125, 220, 806, N20

S-Bahn: S1

ZEIT FÜR BROT

Genau genommen handelt es sich bei ‚Zeit für Brot‘ nicht um ein Café im herkömmlichen Sinne, sondern, wie der Name schon erahnen lässt, eine Bäckerei. Und zwar eine Bäckerei der Extraklasse. Hier wird besonderes Augenmerk auf Qualität, Ökologie und Nachhaltigkeit gelegt. Produziert wird nur mit Bioland-Zutaten, Ökostrom und einer Extraportion Liebe. Und das schmeckt man auch. Was hier über den Tresen geht, ist Welten von dem entfernt, was man im Supermarkt oder der Bäckerei-Kette um die Ecke zu kaufen bekommt.

Hier kriegt man auf jeden Fall richtig was für sein Geld geboten. Übrigens gibt es hier nicht nur Brot, sondern auch die wahrscheinlich besten Zimtschnecken in ganz Berlin – deshalb ist der Laden nämlich auch hier gelistet. Neben dem Backwerk sind die Filialen auch gemütliche Cafés, in denen die gerade gekauften Leckerbissen auch gern gleich zusammen mit einer Tasse Tee oder Kaffee verspeist werden dürfen. Zeit für Brot gibt es mittlerweile in drei deutschen Städten: Berlin, Frankfurt und Hamburg. In Berlin gibt es gleich vier Filialen. Eine besonders schöne ist die in Prenzlauer

Berg:

Adresse: Eberswalder Straße 26/ Schönhauser Allee 144, 10435 Berlin

Anfahrt:

Tram: 12, M1, M10

U-Bahn: U2

BETTY'N CATY

Ein Café, das in den letzten Monaten wirklich einen wahnsinnigen Hype erlebt habt, ist das Betty'n Caty. In nahezu jeder Café-Empfehlung der Stadt landet das Trend-Café unter den Top Ten. Also soll es auch hier seinen Platz bekommen. Das gemütlich eingerichtete Lokal im Prenzlauer Berger Kollwitzkiez bietet ein riesiges Frühstücksangebot, das wirklich keine Wünsche offenlässt. Ganz klassisch mit Croissant und Marmelade, super gesund mit Müsli, Acai-Bowl oder Porridge oder extravagant mit ausgefallenen Sandwiches oder Toasties. Natürlich gibt es, wie sollte es im Bezirk der Trendsetter und Öko-Mamies anders sein, auch viele vegetarische und vegane Alternativen zu den konservativen Klassikern. Oh, und Kaffee und Kuchen bekommt man hier selbstverständlich auch.

Adresse: Knaackstraße 26, 10405 Berlin

Anfahrt:

Tram: M2, M4, M5, M10

Die besten Bars der Stadt

MONKEY BAR

Was gibt es Schöneres, als bei einem guten Cosmopolitan die Aussicht auf die tollste Stadt Deutschlands zu genießen? Nichts?! Dann ist die Monkey Bar genau die richtige Anlaufstelle. Im zehnten Stock des 25h-Hotels thront die schicke Bar über der Hauptstadt. Und dabei ist der Name Programm, denn nicht nur ein Blick auf den Kurfürstendamm ist hier inklusive, sondern auch ein Einblick in das Affenhaus des gegenüberliegenden Zoos – wenn das kein Highlight ist.

Adresse: Budapester Straße 40, 10787 Berlin

Anfahrt:

Bus: 100, 200, 204, 245, 249, M19, M29, M45, M46, M49, X9, X10, X43, N10, N26

S-Bahn: S3, S5, S7, S9

U-Bahn: U2, U9

KANI MANI

Stundenlang mit Freunden quatschen und dabei einen Longdrink nach dem anderen schlürfen: Das geht wunderbar im Kani Mani. Die Bar im zentralen Prenzlauer Berg überzeugt mit ihrer entspannten Wohnzimmeratmosphäre, dem passenden Schummerlicht und erstaunlich niedrigen Preisen. Nichts wie hin.

Adresse: Kastanienallee 95, 10435 Berlin

Anfahrt:

Tram: 12, M1, M10

U-Bahn: U2

CAFÉ SCHWARZSAUER

Genau gegenüber vom Kani Mani befindet sich das Café Schwarzsauer. Und das verzaubert mit seinem ganz besonderen Charme; betritt man das Lokal, hat man das Gefühl, einige Jahrzehnte in die Vergangenheit zu reisen, in eine Zeit, als es noch gang und gäbe war, in der einen Hand seinen Drink und in der anderen eine Zigarette zu halten – am besten im Zigarettenhalter.

Sitzplätze sind hier rar, doch das schreckt die Gäste keineswegs ab. Ist kein Platz mehr frei, so steht man eben und so wird es schnell kuschelig in dem winzigen Etablissement. Wem es zwischen all den Menschen und dem Qualm dann doch zu eng wird, findet auch draußen Sitzgelegenheiten. Und das Programm auf den Straßen von Prenzl' Berg bietet sein ganz eigenes Unterhaltungsprogramm. Also zurücklehnen, umschauen und genießen.

Adresse: Kastanienallee 13, 10435 Berlin

Anfahrt:

Tram: 12, M1, M10

U-Bahn: U2

CAFÉ MORGENROT

Unweit der beiden vorangegangenen Empfehlungen befindet sich das Café Morgenrot (wenn Prenzlauer Berg etwas bieten kann, dann sind es eben einfach gute

Bars). Das Café hat, im Gegensatz zum Schwarzsauer, seinen Titel zu Recht, denn hier wird man in der Woche tatsächlich schon ab 13 Uhr, am Wochenende sogar schon ab 10 Uhr empfangen und man kann sich hier Frühstück, Brunch und Kuchen schmecken lassen.

Eigentlich ist das Morgenrot jedoch als Bar so richtig beliebt. Am Abend ist es hier oft schon um 21 Uhr rappelvoll, sodass sich sogar eine kleine Traube um das Lokal herum bildet. Etwas wirklich Besonderes hat es dabei nicht einmal zu bieten. Das Morgenrot gilt als ausgesprochen tolerant und weltoffen – und das ist es wohl eben einfach, was die Berliner wollen.

Adresse: Kastanienallee 985, 10435 Berlin

Anfahrt:

Tram: 12, M1, M10

U-Bahn: U2

DECK 5

Dieser Tipp gilt den lauen Sommernächten in der Hauptstadt. Wenn sich die Sonne erst ganz spät und spektakulär verabschiedet und die Nacht so kurz ist, dass man auch bei den ersten Sonnenstrahlen des neuen Morgens noch draußen sitzt, weil es einfach nicht kalt wird. Für diese Nächte hat Berlin seine speziellen Orte. Einer davon ist das Deck 5. Auf dem Dach eines Shopping-Centers befindet sich die Bar im Beach-Club-Style. So ganz sieht man die Sonne hier zwar nicht untergehen, dafür sind selbst manch Berliner Hochhäuser zu hoch, aber schöne Abende kann man hier allemal verbringen.

Adresse: Schönhauser Allee 79, 10439 Berlin

Anfahrt:

S-Bahn: S41, S42, S8, S85

Tram: M1

U-Bahn: U2

KLUNKERKRANICH

Ein weiterer dieser speziellen Orte für Berliner Sommernächte ist der Klunkerkranich. Der „Kulturdachgarten" in Neukölln bietet neben standardmäßigem Getränkeangebot auch noch jede Menge Unterhaltung an, zum Beispiel Kinoprogramm, Kulinarik, Lesungen und das Tanzbein kann hier natürlich auch geschwungen werden, wenn DJs auflegen und die Musik aufgedreht wird. Doch allein wegen der Aussicht sollte man sich – bei entsprechender Wetterlage – einen Besuch im Klunkerkranich nicht entgehen lassen.

Adresse: Karl-Marx-Straße 66, 12043 Berlin

Anfahrt:

Bus: 104, 166, 171, M29, M41

U-Bahn: U7, U8

NATHANJA & HEINRICH

Wem es draußen auf dem Kulturdachgarten dann doch irgendwann zu kalt wird, kann einfach ein Stück weiter zu Nathanja & Heinrich ziehen. Die Bar entspricht ziemlich genau dem, was man als klassische Neuköllner Bar bezeichnen könnte: Alles ein wenig abgenutzt, aber trotzdem irgendwie schick; laut, aber stimmungsvoll; etwas versteckt, aber dafür mitten im Kiez. Irgendwie hat man das Gefühl, dass die Zeit da drin einfach stehenbleibt. Alles und alle wirken völlig entschleunigt und entspannt. Da greift man für einen Drink auch gern mal etwas tiefer in die Tasche.

Adresse: Weichselstraße 44, 12045 Berlin

Anfahrt:

Bus: 171, 194

U-Bahn: U8

MURPHY'S IRISH PUB

Darf es etwas lauter werden? Dann nichts wie hin zu Murphy's Irish Pub im Herzen der Stadt. Vorausgesetzt, man mag Bier. Das gibt es hier nämlich in allen Farben und Formen: Egal, ob aus der Flasche oder frisch vom Fass – hier ist garantiert für jeden was dabei. Und Live-Musik gibt es noch on top. Was braucht es mehr?

Adresse: Schiffbauerdamm 1, 10117 Berlin

Anfahrt:

Bus: 147

S-Bahn: S1, S2, S25, S26, S3, S5, S7, S9

Tram: 12, M1

U-Bahn: U6

Die besten Clubs der Stadt

BERGHAIN

Wer hat nicht zumindest schon mal davon gehört: Das Berghain ist der wohl bekannteste Techno-Club der Welt. Mitten im Trendbezirk Friedrichshain-Kreuzberg (daher auch der Name) befindet sich der berühmt-berüchtigte Club, der für seine nie enden wollenden Nächte bekannt ist. Hier kann man quasi von Freitag bis Montag durchtanzen – vorausgesetzt, einem wird Eintritt gewährt. Der Türsteher ist mindestens genauso bekannt wie der Club selbst und ausgesprochen streng bei seiner Auswahl, wer rein darf und wer nicht. Hier will man eben

ein ganz bestimmtes Publikum auf dem auf 500 Perso-
nen begrenzten Floor.

Adresse: Am Wriezener Bahnhof, 10243 Berlin

Anfahrt:

Bus: 140, 142, 147, 240, 300, 347, N40

S-Bahn: S3, S5, S7, S9

WATERGATE

Unweit des Berghain liegt das nicht ganz so bekannte
Watergate. Genau an die Grenze zwischen Friedrichshain und Kreuzberg, direkt an die Oberbaumbrücke an
der Spree zieht es jedes Wochenende zahlreiche Technofans auf die Tanzfläche. Wer bis in die frühen Mor-
genstunden bleibt, kann vom Steg aus die aufgehende
Sonne über der Spree beobachten.

Adresse: Falckensteinstraße 49, 10997 Berlin

Anfahrt:

Bus: 300, 347

S-Bahn: S3, S5, S7, S75, S9

Tram: M10, M13

U-Bahn: U1, U3

SISYPHOS

Die sich küssenden Enten sind legendär: Das berühmte Tor markiert den Eingang zum „Techno-Wunderland" im unscheinbaren Randbezirk Lichtenberg. Auf bis zu fünf Floors kommen Technofans hier von Freitag bis Montag auf ihre Kosten. Dieses Jahr begeht der beliebte Club mit Kultstatus seinen 12. Geburtstag.

Adresse: Hauptstraße 15, 10317 Berlin

Anfahrt:

Bus: 194, 240, 396

S-Bahn: S5, S7, S75

Tram: M10, M13

U-Bahn: 21

RITTER BUTZKE

Ohne Techno geht in Berlin einfach nichts. Und ohne einen Besuch im Ritter Butzke geht kein Besuch in Berlin. Berühmte DJs aus aller Welt und Konfetti-Regen sind hier inklusive. Sollte man sich nicht entgehen lassen.

Adresse: Ritterstraße 26, 10969 Berlin

Anfahrt:

Bus: M29
U-Bahn: U8

THE PEARL

Wer Techno nun einfach gar nichts abgewinnen kann, dem soll die Berliner Clubszene natürlich dennoch nicht verwehrt bleiben. Im The Pearl heißt es dann für alle R'n'B- und Hip-Hop-Fans: fein rausputzen! Dieses Etablissement gehört zu den etwas schickeren der Stadt. Hier glitzert und glänzt alles und jeder. Das Pearl ist der Ort, an den alle gehen, die gern „sehen und gesehen werden". Ein besonderes Highlight sind die Afterworkevents jeden Donnerstagabend.

Adresse: Fasanenstraße 81, 10623 Berlin

Anfahrt:

Bus: 109, 110, 204, 249, M19, M46, X10

U-Bahn: U1, U9

KITKAT KLUB

Ob es nun einer der besten Clubs ist, sei mal dahingestellt. Aber es definitiv einer der bekanntesten. Das KitKat, das ist der Club für die Mutigen, für die Wilden, für alle, die es richtig bunt treiben wollen. Das KitKat ist der Club mit den Liebesschaukeln und Gynäkologenstühlen, den Striptease-Stangen und Ledersofas. Das „Kitty", wie es liebevoll von seinen Gästen genannt wird, ist für seine exzessiven, „sexpositiven Partys" bekannt. Hier bekommt man alles zu sehen, vor allem aber jede Menge freie Haut. Ein Erlebnis der Extraklasse.

Adresse: Köpenicker Straße 76, 10179 Berlin

Anfahrt:

Bus: 165, 265, 300, N40, N65

S-Bahn: S3, S5, S7, S9

Tram: M10, M13

U-Bahn: U8

Was kostet ein Tag in Berlin

Nicht nur die Berliner Mieten sind im Vergleich zu anderen deutschen und europäischen Städten erstaunlich niedrig. Wer nicht auf allzu großem Fuß lebt, kommt auch sonst in Berlin recht günstig über die Runden. Vom BVG-Ticket bis zum Mitternachts-Snack: Berlin hält auch für den kleinen Geldbeutel das passende Angebot für jede Lebenslage bereit. Schließlich sind die Berliner selbst ständig pleite. Welches Budget sollte man also für einen Tag in Berlin einplanen?

MOBILITÄT

ÖPNV

Seien wir mal ehrlich, Berlin an einem Tag zu erkunden, ist einfach unmöglich. Weshalb also nicht gleich ein Ticket für, zwei, drei, vier oder mehr Tage kaufen und die Hauptstadt in aller Ruhe entdecken? Eine 48-Stunden-CityTourCard kostet rund 20 Euro und bietet neben der vollständigen Nutzung des gesamten Netzes des öffentlichen Personennahverkehrs in Berlin auch noch Rabatte bei diversen Sehenswürdigkeiten, Attraktionen und sogar Restaurants.

Wer dann doch ein etwas begrenzteres (Zeit-)Budget hat, greift am besten auf eine Tageskarte der S-Bahn zurück. Hier geht es preistechnisch schon bei 8,60 Euro los, man hat ebenfalls Zugang zum gesamten Netz und alle Nachteulen können das Ticket sogar noch bis 3 Uhr des Folgetages nutzen.

Sharing und E-Mobility

Wenn Berlin mit einem punkten kann, dann mit Diversität. So auch in Sachen Mobilität. Die Angebote an Car-, Bike- und Scooter-Sharing-Angeboten steigen stetig und besonders der E-Mobility-Bereich boomt. So braucht man selbst als Berliner eigentlich weder ein eigenes Auto noch Fahrrad. Einfach anmelden, ein- oder aufsteigen und losfahren. Bezahlt wird danach. Und mit durchschnittlich 20 Cent pro Minute bei Scootern, E-Scootern und E-Autos, kann man wirklich nicht meckern. Bikes sind etwas teurer, lohnen sich dafür aber eher, wenn man längere Strecken zurücklegen will.

ESSEN UND TRINKEN

Wie die vorangegangenen Kapitel schon gezeigt haben, ist die Bandbreite der kulinarischen Angebote in Berlin riesig. Dementsprechend weitgefächert ist auch das Preisspektrum, in dem man sich bewegen kann, wenn man in der Hauptstadt essen geht. Wer sich mit Döner oder Currywurst zufriedengibt, bekommt hier für einen Fünfer schon einiges geboten. Und selbst inklusive Getränk kann man hier gut und gern noch unter zehn Euro gut gesättigt nach Hause gehen. Wem es allerdings doch nach etwas mehr Ambiente steht, der muss gelegentlich auch mal etwas tiefer in die Tasche greifen. So kann man für ein gutes Menü auch gern mal 20 bis 30 Euro loswerden. Getränke inbegriffen. Ähnlich sieht es beim Abendprogramm aus. Wer auf schicke Bars im Stadtzentrum oder auf Szenekiezen steht, kann für einen Drink gut und gern mal 15 Euro ausgeben. Normalerweise aber ist man mit fünf bis acht Euro pro Longdrink oder Glas Wein aber gut bedient. Darunter kommt man nur beim Inder in der Happy Hour – oder mit einem Sternburg vom Späti.

SEHENSWÜRDIGKEITEN

Die meisten Berliner Sehenswürdigkeiten befinden sich unter freiem Himmel, sind öffentlich zugänglich und deshalb kostenlos; hier kann man also richtig sparen. Der Zutritt zu Museen, Galerien und Ausstellungen kostet in der Regel unter zehn Euro. Besondere Attraktionen wie die Kugel des Fernsehturms, Zoo, Tierpark oder Aquarium sind etwas teurer, mit unter 20 Euro aber auch noch erschwinglich und teilweise wirklich lohnenswert. Für ganz besonders eifrige Berlin-Besucher bietet unter anderem visitBerlin als offizieller Berlin-Partner Berlin-Cards an, mit denen man ermäßigten Eintritt in diverse Sehenswürdigkeiten bekommt. Für eine 48-Stunden-Karte geht es hier preislich bei rund 20 Euro los. Lohnt sich also erst, wenn man sich wirklich viel ansehen will.

Summa summarum kommt man an einem Tag in Berlin unter 100 Euro also nicht nur gut von A nach B, man bekommt auch eine ganze Menge geboten und zu sehen und wird allemal satt.

Anreise in die Hauptstadt

Die Empfehlungen auf den letzten Seiten haben überzeugt und jetzt soll es tatsächlich nach Berlin gehen? Super! Stellt, sich die Frage, wie man am besten herkommt. Wer von innerhalb Deutschlands anreist, hat die freie Wahl: Auto, Bus, Bahn, Flugzeug, Fahrrad – jeder will nach Berlin, also soll auch bitte schön jedem die Möglichkeit geboten werden, nach seinem oder ihrem Gutdünken anzureisen. Aber auch ausländischen Gästen stehen allerhand Möglichkeiten offen, sich ein Bild von

Deutschlands schönster Stadt zu machen – auch, wenn der schöne, große Flughafen noch auf sich warten lässt.

BUS

Abgesehen vom Fahrrad ist die derzeit wohl günstigste Methode der Bus. FlixBus bietet Verbindungen aus diversen deutschen Städten – für teilweise unter 10 Euro. Das kann man wirklich kaum unterbieten.

AUTO

Wer sich dann doch lieber für das eigene Auto entscheiden sollte, kann die Stadt über sechs verschiedene Autobahnen erreichen: die A2, A9, A11, A12, A13 sowie A24. Hinzu kommt der Berliner Ring A10. Zu beachten ist hier jedoch, dass nur Autos mit entsprechender Umweltplakette die Innenstadt befahren dürfen. Doch angesichts des dort herrschenden Verkehrs sollte man diesen Bereich als Nicht-Berliner (und eigentlich auch als Berliner) mit dem Auto ohnehin eher meiden.

BAHN

So langsam zieht die Bahn gegenüber den Fernbussen nach und so gibt es auch für Bahnreisende mittlerweile erschwingliche Angebote für Verbindungen innerhalb Deutschlands. Rund 40 Euro pro Strecke muss man dennoch einplanen. Dafür ist hier weitaus mehr Komfort gegeben als im engen Bus. Und schneller ist es in den meisten Fällen obendrein.

FLUGZEUG

Berlin verfügt über zwei Flughäfen, von denen aus Ziele in aller Welt angeflogen werden und die Menschen aus aller Welt in die Allerweltstadt Berlin bringen: Tegel (TXL) und Schönefeld (SXF). Inlandflüge sind hier bei den Billig-Airlines teilweise beinahe schon zu Bus-Preisen erhältlich, aus ökologischer Sicht natürlich aber eher weniger empfehlenswert. Entscheidet man sich für einen Flug nach Berlin, so bringt einen das gut ausgebaute ÖPNV-Netz zuverlässig von den etwas abseits gelegenen Flughäfen in die Innenstadt oder die Unterkunft der Wahl.

Wo schläft man am besten?

Die Reiseplanung steht, die Anreise ist in trockenen Tüchern. Fehlt nur noch die passende Bleibe für den perfekten Berlin-Aufenthalt. Wie in jeder Hinsicht hat Berlin auch hinsichtlich der Unterkunft allerhand zu bieten. Egal, ob Hostel, Hotel oder Apartment – die Stadt, die niemals schläft, hält für jeden eine geeignete Schlafmöglichkeit bereit.

HOSTEL

Design Hostel P182

Dass Hostels nicht nur billig, sondern auch extrem hip sein können, beweist das Design Hostel P182. Die Unterkunft schafft mit ihrer kreativen Einrichtung eine absolute Wohlfühlatmosphäre. Hier gibt es alles von Einzel- bis Vierbettzimmer für einen schmalen Taler; los geht es bei 27 Euro pro Person. Und das in einer super Lage: Das P182 liegt mitten in Schöneberg im Streetart-Viertel zwischen Bülowstraße und Kleistpark.

Adresse: Potsdamer Straße 182, 10783 Berlin

Anfahrt:

Bus: 106, 187, M19, M85

S-Bahn: S2, S25, S26

U-Bahn: U2, U7

Grand Hostel Berlin Classic

Wer sich gut vorstellen kann, auch mal einen stimmungsvollen Abend im Hostel zu verbringen, anstatt sich in das Großstadtgetümmel zu stürzen, ist im Grand Hostel Berlin Classic genau richtig aufgehoben. Hier ist der Name Programm, denn die klassisch-stilvolle Einrichtung im Vintage-Style erinnert an eine altmodische Bibliothek. Regale voller Bücher und mächtige Ohrensessel laden zum stundenlangen Verweilen in der Lobby ein. Die Drinks von der hauseigenen Bar runden das Ganze dann noch ab. Und das schon ab 18 Euro pro Person. Was will man mehr?

Adresse: Tempelhofer Ufer 14, 1963 Berlin

Anfahrt:

Bus: 248, M41

S-Bahn: S2, S25, S26

U-Bahn: U1, U2, U3, U6, U7

HOTEL

25hours Hotel Bikini Berlin

Der Name klingt nicht unbekannt? Genau! Hierbei handelt es sich um das Hotel mit der schicken Bar mit Blick in den Berliner Zoo. Im 25h-Hotel bekommt man nämlich nicht nur richtig gute Drinks, sondern auch ausgesprochen exquisite Zimmer geboten. Riesige Fensterfronten mit Blick auf den Breitscheidplatz oder den Zoo, Regendusche und sogar eine Hängematte machen den Berlin-Aufenthalt im 25hours Hotel zu einem ganz besonderen Erlebnis. Die Jungle-Sauna setzt dem Ganzen dazu noch das Sahnehäubchen auf. Dieses

Hotel lässt wirklich keine Wünsche offen. Entsprechend sind jedoch auch die Preise; das ‚Medium Urban'-Zimmer bekommt man ab 154 Euro die Nacht. Wem es nach mehr Luxus als dem dort gebotenen Standard bedarf, muss noch etwas tiefer in die Tasche greifen.

Adresse: Budapester Straße 40, 10787 Berlin

Anfahrt:

Bus: 100, 200, 204, 245, 249, M19, M29, M45, M46, M49, X9, X10, X43, N10, N26

S-Bahn: S3, S5, S7, S9

U-Bahn: U2, U9

Radisson Blu Hotel

Beste Lage zu fairen Preisen: Das Radisson Blu liegt genau zwischen dem Alexanderplatz und dem Berliner Dom und bietet – von den oberen Zimmern aus – sogar Ausblick auf die Spree. Die Einrichtung ist schlicht, aber schick. Aber was will man auch viel Zeit im Hotel verbringen, wenn das Herz der Hauptstadt direkt vor der Tür liegt! Preislich startet man hier bei rund 100 Euro pro Nacht.

Adresse: Karl-Liebknecht-Straße 3, 10178 Berlin

Anfahrt:

Bus: 100, 147, 200, 248, 300, N2, N5, N40, N42, N65, N66

Tram: M4, M5, M6

U-Bahn: U2

Hotel Müggelsee Berlin

Der im Südosten der Stadt gelegene Große Müggelsee ist der größte See Berlins. Direkt an dieser riesigen Wasserfläche liegt ein zunächst unscheinbar wirkendes Hotel, das jedoch seinen ganz eigenen Reiz hat, denn wer zwar in die Großstadt will, am Abend aber eher die Ruhe sucht, ist hier genau richtig. Abseits der Touristen-Hotspots im grünen Bezirk Köpenick bietet das Hotel Müggelsee Zimmer für schon rund 50 Euro die Nacht.

Adresse: Müggelheimer Damm 145, 12559 Berlin

Anfahrt:

Bus: 169

S-Bahn: S3

APARTMENT

art'appart berlin suiten

Wer gern etwas länger bleiben oder sich einfach heimisch fühlen möchte, ist mit einem der zahlreichen Apartments der Hauptstadt gut bedient. Die vollständig möblierten Apartments von art'appart laden förmlich zum längeren Verweilen in der Stadt ein. Unweit des Tiergartens mitten im schicken Charlottenburg erlebt man das urbane Leben der Hauptstadt so hautnah und ganz ohne befremdliche Hotel-Atmosphäre oder fremde Mitbewohner im Hostelzimmer. Los geht es ab 67 Euro pro Nacht.

Adresse: Goethestraße 50 + 50a, 10625 Berlin

Anfahrt:

Bus: 109, 309

S-Bahn: S5, S7

U-Bahn: U2, U7

ALLESKÖNNER

The Circus Berlin

Hostel, Hotel, Apartments – das Circus Berlin ist ein richtiger Alleskönner, denn hier wird für jeden Anspruch und Geldbeutel richtig was geboten. Jeder Standort befindet sich in bester urbaner Lage; vom Hostel und Hotel am Rosenthaler Platz in Mitte bis zu den Apartments in der Choriner Straße in Prenzlauer Berg. Die Einrichtung der verschiedenen Zimmer reicht von klassisch über modern bis hin zu kreativ. Jetzt muss man sich eigentlich nur noch entscheiden können ... preistechnisch startet man hier bei 46 Euro für eine Nacht im Gemeinschaftszimmer.

Adresse: Weinbergsweg 1a, 10119 Berlin

Anfahrt:

Bus: 142

Tram: M1, M8

U-Bahn: U8

Berlins Besonderheiten

Nun eilt Berlin ja ein gewisser Ruf voraus und um das Zitat vom Anfang noch einmal aufzugreifen, so taten Anneliese Bödecker sicher nicht „alle Menschen, die nicht hier leben können" ohne Grund leid. Gründe hatte sie allemal. Und so viel kann man vorwegnehmen, es sind sicher nicht die schicken Sehenswürdigkeiten wie das Brandenburger Tor oder der Tiergarten, die die Stadt für so viele Menschen so attraktiv machen. Auch die Tatsache, dass es sich um Hauptstadt und Regierungssitz handelt, spielt wohl eher eine untergeordnete Rolle für die Berliner.

Das, was Berlin tatsächlich so einzigartig, so ausgefallen, so lebenswert und so unglaublich anziehend macht, sind all die Kuriositäten und Sonderbarkeiten, über die manch Hamburger, Londoner oder New Yorker nur die Stirn runzeln kann. Dinge und Eigenschaften, die es so einfach nirgendwo sonst auf der Welt gibt. Dies sind die wahren Gründe für ein Leben – oder erst mal einen Urlaub – in Berlin:

SO ANONYM UND GLEICHZEITIG SO OFFEN

Anonym und offen? Wie diese zwei scheinbar äußerst konträren Eigenschaften letztlich doch in einer Stadt vereint werden können, wird einem ziemlich schnell bewusst. Berlin ist mit seinen über drei Millionen Einwohnern nicht gerade eine gemütliche Kleinstadt, in der man sich beim Namen kennt. Anonymität ist eine natürliche Folge der stetig wachsenden Bevölkerung der Hauptstadt. Doch nicht nur das. Es scheint, als lege der Berliner (oder die Berlinerin) auch einfach viel Wert darauf, eine gewisse Distanz zu Mitmenschen zu bewahren, ganz, ohne an Herzlichkeit zu sparen. Man fühlt sich einfach wohl damit, in der großen Masse unterzugehen.

Das ist Teil von Berlin. Und sicher einer der Gründe, warum die Lieblingsfarbe der Berliner Schwarz ist. In Berlin kann man sich auch im Stammcafé duzen, ohne den Namen des anderen zu kennen. So viel zur Anonymität. Wie das nun zur Offenheit passt? Ganz einfach: Kaum eine Stadt ist so tolerant wie Berlin.

Hier kann jeder sein, wer und was man will, wann immer man es will. Berlin ist offen für jedermann, jederfrau und auch sonst jeden, den es herzieht. Hier wird keiner schief angeguckt, in Jogginghose und Oversized-Hoodie genauso wenig wie im hautengen Animalprint-Tracksuit und Plateau-High-Heels. Und wer mit roten Augen am Montagmorgen von der Warschauer Straße aus in den nächsten Starbucks stolpert und einen Latte mit dreifachem Espresso bestellt, erhält ihn ohne Rückfragen mit einem verständnisvollen Grinsen zugeschoben. In Berlin ist einfach alles Normalität und es gibt nichts, was es nicht gibt. Allein das zeugt von Berlins Offenheit – und wahrt eben auch ein Stück weit die Anonymität der Stadt und ihrer Bürger.

DIE BERLINER SCHNAUZE

Dass es die Berliner Schnauze wirklich gibt, lernen „Fremdlinge" (Touristen, Besucher, Zugezogene) ziemlich schnell. Was viele dann schnell als unfreundlich, aufmüpfig oder ruppig abstempeln, ist hier aber schlicht weg der alltagsübliche Umgangston. Und an den gewöhnt man sich schneller, als einem vielleicht sogar lieb ist.

Vergessen sind dann die aufgesetzten Freundlichkeiten und Plattitüden. Man könnte auch sagen, die Berliner sind einfach verdammt ehrlich. Hier nimmt keiner ein Blatt vor den Mund. Man sagt, was man denkt, und das geradeheraus. Es wird nicht um den heißen Brei herumgeredet. Und wem es mal zu bunt wird, der tut das auch gern kund, gern auch lautstark und gern auch in aller Öffentlichkeit. Das kann man besonders gut bei der Autofahrt durch die Innenstadt beobachten. Aber das Schöne daran ist, dass das überhaupt niemand persönlich nimmt. Hier sind die Berliner nämlich alle gleich.

UMARMUNGEN STATT KÜSSCHEN

Eine weitere Sonderbarkeit in puncto Herzlichkeit (oder keine Herzlichkeit) ist die Tatsache, dass man sich in Berlin nicht mit Küsschen begrüßt. Das macht man einfach nicht. Also manche machen das, aber die sind dann wahrscheinlich nicht aus Berlin.

In Berlin gibt man sich zur Begrüßung eine kurze Umarmung, vorausgesetzt, man kennt sich schon gut genug und hat den Grad der Anonymität untereinander bereits überwunden. Ansonsten gibt man sich auch gern ganz unkompliziert die Hand. Wie bereits gesagt, die Berliner verzichten eben gern auf Plattitüden. Und Körperkontakt wird zudem auf ein Minimum und den Dancefloor beschränkt.

BERLINS NÄCHTE SIND LANG

Hat hier jemand *Dancefloor* gesagt? Wenn Berlin für eins bekannt ist, dann ist es die Clubszene der Stadt. Und hier heißt es Techno, Techno und noch mal Techno. Die Berliner Techno-Clubs sind weltberühmt, ja nahezu legendär. Berlin ist Techno und Techno ist Berlin. Das exzessive Nachtleben, die nie enden wollenden Partys, das ist es, was die Leute wollen – Jung und Alt. Das verbindet sie doch alle und zieht sie zu Massen in die Hauptstadt.

Wahrscheinlich ist das auch einer der Gründe, weshalb das Leben in dieser Metropole auch erst am Abend so richtig beginnt, denn während die Straßen in den hippen Vierteln von Kreuzberg, Neukölln und Friedrichshain tagsüber teilweise noch überraschend leer wirken, so füllen sie sich zu späterer Stunde noch zunehmend. Dann lockt es die Berliner plötzlich aus ihren Wohnungen und sie strömen zu großen Gruppen auf die Straßen, um in ausgelassener Stimmung die Nacht, die schönste Zeit des Tages, zu feiern.

Und die Berliner Nächte sind lang. Kann man in einer nicht genug bekommen, so geht es in der darauffolgenden eben gleich weiter. Tagelang und nächtelang wird hier durchgefeiert, bis der Wecker klingelt und der Ernst des Lebens für eine Woche wieder losgeht. Und dann werden schon die Tage bis zum nächsten Rave gezählt ...

VOM RETTER IN DER NOT ZUM BARKEEPER – MYSTERIUM SPÄTKAUF

Was anderen Städtern eine lebensrettende, aber völlig überteuerte Einkaufsmöglichkeit ist, wenn einem zu später Stunde die Milch ausgegangen ist, das ist dem Berliner so viel mehr. Die Rede ist natürlich von Spätis, oder Kiosks, wie man sie im Westen nennt. Woher der Trend kommt, kann wahrscheinlich keiner so genau sagen. Jedenfalls haben sich die Spätkaufs, die es in den Berliner Innenstadtbezirken mittlerweile an jeder Ecke gibt, in den letzten Jahren zu regelrechten Hotspots entwickelt.

Dort trifft man sich dann am Abend und genießt gemeinsam das erste und vielleicht sogar das zweite Bier, bevor es später von Party zu Party geht. Manchmal aber, wenn die Sonne schon lange untergegangen ist und das zweite Bier auch schon leer ist und man aber immer noch nicht loswill, weil die wirklich spannenden, tiefgründigen Gespräche gerade jetzt erst anfangen, dann macht man es sich eben auf der Bierzeltgarnitur bequem und bleibt.

,SPONTAN' IST DES BERLINERS ZWEITER VORNAME

Warum große Pläne für den Abend schmieden, wenn man doch nicht einmal weiß, ob man später in den Club gelassen wird? Ob nun deshalb oder einfach, weil es einfacher ist, keine aufwendige Planung für das Wochenende oder den nächsten Tag zu betreiben, ist das Leben in Berlin so spontan. Wenn die eine Party doch nicht steigt, dann geht man eben zur nächsten.

Und wenn die dann doch etwas länger geht als ursprünglich angenommen, dann ist das auch nicht schlimm, denn weit über den Abend hinaus wurde sowieso nicht geplant. Es heißt immer, Berlin stünde für Freiheit. Und vermutlich ist diese Spontaneität eines der Dinge, die die Menschen hier so frei fühlen lässt. Kein Zwang, kein Druck. Einfach leben und leben lassen. Das ist Berlin. Und irgendwie macht das das Leben in dieser Stadt so aufregend. Man weiß nie, was einen erwartet, was der Abend bereithält, wen man in der Bar oder am Späti trifft oder wo man am nächsten Morgen aufwacht.

Berlin ist, wenn man es sich gerade auf der Couch so richtig bequem gemacht hat, weil der letzte

Serienmarathon schon wieder viel zu lange her ist, und man dann ganz plötzlich zu heißen Beats in der Alten Kantine die Hüfte schwingt, als gäbe es kein Morgen – an einem Montagabend.

Berlin ist, wenn man in einer Stunde ein Tinderdate hat und noch immer nicht weiß, wo genau man sich eigentlich trifft.

Berlin ist, wenn man plötzlich mit den Leuten vom Nachbartisch trinkt, weil es da irgendwie viel lustiger ist – und irgendwie auch keiner was dagegen hat. So viel Spontaneität findet man einfach nur in Berlin.

KIEZLEBEN

Berlin ist mit knapp 892 km² Fläche schon ziemlich groß. Wenn man sich als Berlinerin oder Berliner mit jemandem aus einer fremden Stadt unterhält, dann mag die Aussage „Ich komme aus Berlin" noch hinreichend sein, doch spätestens, wenn man auf einen anderen Berliner trifft, wird diese/r fragen: „Und wo da?".

Die Antwort auf die Frage könnte dann einfach der Name des Bezirks sein, in dem man wohnt. Doch kaum ein Berliner definiert sich über den Namen seines Doppelbezirks wie Charlottenburg-Wilmersdorf oder Friedrichshain-Kreuzberg. Wo man als Berliner wirklich lebt, was einen ausmacht, wo man sich heimisch fühlt, das ist der Kiez. Das Viertel würde man anderswo sagen.

In Berlin gibt es unzählig viele Kieze; manche haben sich zu regelrechten Szenekiezen entwickelt, andere sind noch eher gut bürgerliche, ruhige Wohnviertel. Fakt ist jedoch, dass jedem sein oder ihr Kiez das Fleckchen Berlin ist, wo man sich (im besten Fall) am wohlsten fühlt und dieses auch am liebsten nicht so bald verlassen möchte. Im Kiez kennt man sich. Wie sollte man sich in einer drei-Millionen-Einwohner-Stadt beim Namen kennen? Im überschaubaren Kiez geht das. Da hat man seinen Stamm-Späti, den Stamm-Dönerladen, die Stammkneipe und den Nachbarn des Vertrauens. Hier wird die Anonymität der Stadt ein klein wenig beiseitegeschoben und der Berliner kann sich von seiner warmen, herzlichen Seite zeigen.

Dabei hat jeder Kiez seine Eigenheiten. Seinen eigenen „Vibe" könnte man sagen. Ebendiese gewisse Stimmung, die da herrscht, die natürlich durch die Menschen, die dort leben, und die Geschäfte, die es dort gibt, gegeben ist. Es ist beinahe, als wäre jeder Kiez eine eigene kleine Stadt. Und obwohl das nun so wirken mag, als würde es die Menschen der unterschiedlichen Kieze völlig voneinander entfremden, so scheint es doch, als würde gerade das die Stadt, die große Stadt Berlin, zusammenhalten.

VINTAGE IS THE NEW BLACK

Lust auf Shopping? Dann ab in eine der fast 70 Malls. Kein Geld? Kein Problem! Berlin ist die Stadt der Secondhandläden, Flohmärkte und Tauschbörsen. Kaum eine Stadt kann wohl mit einer so nachhaltigen Fashionbranche angeben wie Berlin. Zwischen schicken Boutiquen liegen überall in der Stadt mindestens genauso schicke Vintage- und Secondhandläden, die darauf bedacht sind, gebrauchte, aber noch völlig funktionsfähige Kleidungsstücke an den Mann und die Frau zu bringen. So kann man nicht nur den einen oder anderen Euro sparen, sondern auch noch der Umwelt etwas Gutes tun und zudem so manches Exemplar finden, dass ganz bestimmt kein anderer hat.

Wem es dann doch zu aufwendig ist, nach den einzelnen Shops zu suchen und dafür durch die ganze Stadt zu fahren, fährt einfach zu einem der zahllosen Flohmärkte der Stadt und kann hier stundenlang stöbern und neben Kleidung auch noch ganz andere Schätze finden: neue alte Exemplare für die Plattensammlung, trendy Silberbesteck aus Uromas Generation oder ein einzigartiger Sessel, der einfach genau in die Einrichtung der eigenen Wohnung passt – auf Berlins Flohmärkten ist wirklich alles zu finden, wenn man nur genügend Zeit mitbringt, um seinen Schatz zu finden.

Das Schönste an dem Vintage-Trend ist jedoch, dass es viel mehr als nur ein Trend zu sein scheint. In Berlin ist der Hype um Retro- und Vintage-Teile zu einer regelrechten Bewegung geworden, die die Debatte um Nachhaltigkeit und Umweltschutz aufgreift. Und so wird hier keiner schräg angeguckt, wenn er sagt, er habe dieses oder jenes gebraucht gekauft. Ganz im Gegenteil, man bekommt noch Zuspruch und Anerkennung zu hören. Mehr davon überall auf der Welt, bitte!

STADT DER KREATIVEN KÖPFE

Berlin ist DIE Kreativstadt schlechthin. Wo man geht und steht, Ateliers, Galerien, Kunstshops, Tättowierstudios, Schmuckgeschäfte, Geschäfte, deren Konzept man nicht so ganz versteht, die sich aber trotzdem irgendwie halten, Film- und Musikstudios, Agenturen, Verlage – kurzum, in Berlin gibt es alles, was das kreative Herz begehrt. Hinzu kommt eine Medienlandschaft, die so vielfältig ist wie in kaum einer anderen Stadt.

Wer als Kreative/r nach Berlin kommt, erhofft sich die ganz große Karriere – nicht selten mit Erfolg, denn die Branche boomt. Die Kultur- und Kreativwirtschaft in Berlin umfasst 37.000 Unternehmen und erwirtschaftet jährlich ganze 23 Milliarden Umsatz. Kein Wunder, dass immer mehr Kulturschaffende ihr Glück in der Hauptstadt versuchen. Auch große Firmen und Marken zieht es nach und nach in die deutsche Metropole. So sind heute zahlreiche namhafte Vertreter aus Film- und TV-Industrie, Musikwirtschaft, Gameindustrie, aus dem Bereich Printmedien und Verlag sowie Mode- und Designindustrie in Berlin ansässig.

Zweifelsohne beeinflusst diese Entwicklung auch das Klima der Hauptstadt. Nicht ohne Grund bekommt man hier also diverse Stilrichtungen, Musikgenres (ja, in Berlin wird mehr als nur Techno gehört) und Einrichtungsdesigns zu sehen und hören. Ein großer Teil der Berliner Vielfalt rührt sicher von der starken Kreativbranche, die hinter der Stadt steht, und ein großer

Teil der Kreativbranche hat sich sicher aus der Vielfalt Berlins herausgebildet. Eine gesunde Symbiose, die hoffentlich noch lange erhalten bleibt.

Herstellung und Verlag:

BoD – Books on Demand, Norderstedt

ISBN: 9783755798125

© Valentin Spier 2022

1. Auflage

Kontakt: Psiana eCom UG/ Berumer Str. 44/ 26844 Jemgum

Covergestaltung: Fenna Larsson

Coverfoto: depositphotos.com